Derechos de las personas

Vicente Rodríguez de Arellano

El negro Juan Latino

Barcelona 2024
Linkgua-ediciones.com

Créditos

Título original: El negro Juan Latino.

© 2024, Red ediciones S.L.

© Rado Molina

e-mail: info@linkgua.com

Diseño de la colección: Michel Mallard.

ISBN tapa dura: 9788410763647.
ISBN rústica ilustrada: 9788410763654.
ISBN ebook: 9788410763661.

Sumario

Brevísima presentación

La obra

Publicado en 1805 como parte de la colección El Decamerón español, Vicente Rodríguez de Arellano presenta en El Negro Juan Latino, o cuidado con los maestros una novela corta que destaca por su originalidad en el panorama literario español de principios del siglo XIX. A diferencia de otras narraciones de la colección, que son traducciones o adaptaciones de obras extranjeras, esta pieza se considera una creación propia del autor, lo que le confiere un valor especial en la evaluación de su capacidad como novelista en una época en la que el género aún no había alcanzado pleno desarrollo en España.

La obra se adentra en la narrativa histórica mucho antes de que este género se popularizara en España bajo la influencia de autores como Walter Scott. Retoma la figura de Juan Latino, un esclavo negro del siglo XVI que, gracias a su intelecto y dedicación, logró convertirse en catedrático de la Universidad de Granada. Este personaje ya había sido protagonista en la Comedia famosa de Juan Latino del dramaturgo barroco Diego Jiménez de Enciso. Sin embargo, Rodríguez de Arellano ofrece una reinterpretación adaptada a la sensibilidad de principios del siglo XIX, incorporando influencias de la filosofía de Jean-Jacques Rousseau, especialmente en lo referente a la educación y la naturaleza humana.

La novela aborda temas como la educación, la superación personal y las barreras sociales, reflejando preocupaciones ilustradas sobre la formación del individuo y la movilidad social. A través de la historia de Juan Latino, se exploran las posibilidades de trascender las limitaciones impuestas por el origen y la raza mediante el conocimiento y la virtud.

El Negro Juan Latino, o cuidado con los maestros es una obra significativa que anticipa tendencias de la novela histórica y ofrece una reflexión profunda sobre la educación y la condición humana, en sintonía con las corrientes filosóficas de su tiempo.

La vida

Vicente Rodríguez de Arellano (Cadreita, Navarra, c. 1750-Madrid, 1815) fue dramaturgo, poeta, narrador y publicista. Estudió en el colegio jesuita del Arga y se graduó en Leyes por la Universidad de Huesca; ejerció de abogado en Pamplona antes de instalarse en Madrid, donde trabajó en la Real Biblioteca y se integró en los círculos teatrales y periodísticos de la capital. Usó varios seudónimos y anagramas —Alberto de los Ríos, Silvio del Arga, Gil Lorenzo de Arozar— y gozó de popularidad entre el público, aunque la crítica neoclásica lo trató con dureza. Participó en la Guerra de la Independencia como capitán de voluntarios navarros y, en los años del regreso de Fernando VII, se alineó con el absolutismo cortesano.

Fue un autor muy prolífico y versátil: cultivó comedia, tragedia, drama sentimental y piezas «jocoserias», a menudo adaptando y «arreglando» modelos del Siglo de Oro (Lope, Belmonte), y también traduciendo. Entre sus piezas más difundidas estuvo *El pintor fingido* (1800), muy reimpresa en Madrid, Valencia y Barcelona. En prosa reunió relatos y anécdotas en su miscelánea *El Decamerón* español (1805), donde incluyó la novela corta *El negro Juan Latino, o cuidado con los maestros*, hoy de interés por su lectura dieciochesca de la figura del humanista afrogranadino. Como poeta publicó Poesías varias (1806), volumen heterogéneo con odas, letrillas, epigramas y un célebre *Memorial en estilo burlesco* en décimas.

Arellano encarna una sensibilidad de transición (final del XVIII-comienzos del XIX): teatro popular, gusto por la historia ejemplar y por la parodia burlesca, más impacto de escena que prestigio académico. La crítica actual ha recuperado piezas como *El negro Juan Latino* para estudiar la representación de raza, escuela y movilidad social en la literatura española de inicios del XIX.

El negro Juan Latino, o cuidado con los maestros

Por feliz puede tenerse el padre que por sí mismo dirige sus hijos por los apacibles caminos de la virtud, y juntamente se halla en proporción de instruirlos en los buenos principios que exige la carrera literaria a la que se inclinan. Pero cuando, o por falta de las luces necesarias, o por cualquier otro impedimento, no puede acudir personalmente a la educación de sus hijos, debe elegir maestros que desempeñen sus obligaciones, e informarse anteriormente de las prendas que concurren en estos, y particularmente de si tienen o no buenas costumbres, para que el mal ejemplo del maestro no inutilice los progresos de la doctrina, que en la juventud incauta pueden mucho más los ejemplos que los documentos. Este peligro es muy grande respecto de los jóvenes, pero infinitamente mayor para con las señoritas, que para adquirir las gracias y habilidades propias de su clase necesitan de ajena dirección. No debe un padre discreto permitir que den sus hijas lección de lenguas, baile, ciencias, ni otra cosa, sin que lo presencie él mismo, o su esposa, o alguna otra persona muy interesada en el bien de aquellas; porque de no hacerlo así, las expone a los mayores peligros, y siempre ha sido máxima muy acertada que el precaver es mucho mejor que el remediar; y para hacerles conocer esta verdad, y cuán importante sea que los padres velen en esta parte con el mayor cuidado, y vivan siempre en una discreta desconfianza, he resuelto ponerles el ejemplo siguiente:

Casi a finales del siglo XVI era el ídolo de Granada doña Ana de Carleval, hija única de don Pedro, caballero veinticuatro de aquella nobilísima ciudad. Fortuna y naturaleza prodigaron sus dones en favor de esta dama, dándole aquella ilustre nacimiento y abundantes bienes temporales, y esta hermosura y gracia, y sobre todo un ingenio tan peregrino que nada se le resistía. Desde muy niña quedó sin madre, solamente entregada al cuidado de una tía muy anciana, que por sus continuos achaques no podía atender como era necesario al cuidado y gobierno de una casa opulenta; y así descargaba casi todo el peso de ella en un antiguo mayordomo; porque don Pedro, su hermano, todo el tiempo que le permitían sus obligaciones lo empleaba en la caza, a la que era en gran manera aficionado. Era hombre de mediana edad, fuerte, robusto, de corazón noble, pero de condición colérica, y muy arrebatada con todos, menos con su hija, a la que amaba tan ciegamente que en nada la contradecía; lejos de eso, cualquier gusto suyo era una ley inviolable para su amoroso padre, que la complacía en todo con indiscreta ternura, pues el exceso de condescendencia es muy perjudicial en los padres; porque de este modo hacen que sus hijos sean orgullosos, soberbios y antojadizos. No tenía vicio alguno de estos doña Ana, antes bien era dócil, humilde, de mansa condición, y de tan extraordinaria sensibilidad que sentía como propias las desgracias ajenas, y remediaba cuantas podía; por lo que más que por sus gracias era de todos los Granadinos amada hasta lo sumo. Desde muy tierna edad empezó a aficionarse a los libros, en cuya lectura empleaba muchas horas ilustrando sus entendimientos con las nociones que adquiría, y de esta suerte consiguió aplausos de entendida a pesar de tener los privilegios de hermosa.

Por aquel mismo tiempo vivía en Granada don Pedro Fernández de Córdoba, duque de Sesa, heredero y nieto del capitán, que por grande mereció renombre de tal: el gran Gonzalo digo, que dio tantas victorias a el católico Fernando, y que le fueron tan mal pagadas, ¡tanto puede la envidia! Su nieto, pues, se educaba en Granada bajo la disciplina de doctísimos maestros, que le enseñaban ciencias y habilidades propias de un caballero de tan alta jerarquía. Asistía a sus lecciones un negrito llamado Juan, a quien quería infinito, tanto por haberse criado juntos, cuanto por la extraordinaria agudeza que mostraba, acompañada del natural más dulce y amable que cabe en un hombre. Así es que, inseparable compañero de su amo, el esclavillo Juan se aprovechaba de las lecciones que aquel le daba, con tanta felicidad, que con el tiempo llegó a hacerse célebre en toda la Andalucía, y aun en toda España; de modo que, cuando hubo de tomar apellido, tomó el de Latino, por lo eminente que fue en este idioma, de lo que dio tan ilustres testimonios como manifiestan sus obras, pues escribió un tomo de poesías latinas, que se imprimió en Granada en el año 1573 por Hugo de Mena, y contiene varios elegantísimos epigramas a diversos asuntos, y personajes; las célebres elegías *de rebus et affectibus Pii V.*, y dos libros de la *Austríada* o *Victoria de Lepanto*, dedicados a Don Pedro Deza, presidente de Granada.[1] Tenía

1 Don Nicolás Antonio, haciendo honoríficamencion de este sabio Negro, trae una inscripcion de su sepulcro, por la cual parece podría inferirse que murió el año de 1573.

> DEL MAESTRO JUAN LATINO
> CATEDRATICO DE GRANADA
> I DOÑA ANA CARLEVAL SU MUGER
> I HEREDEROS.
> MDLXXIII

Tal es la inscripcion; y en el tomo de poesías de este grande hombre, que tengo en mi poder, dice que se imprimió a solicitud del Maestro Juan Latino; y Pedro del Mármol certifica que fue tasado en sesenta maravedis, y firma en Granada el año de 1573 a 14 de abril, de lo que al parecer resultaría un grande anacronismo a no ser que muriesen él y su mujer en lo restante del año referido; lo que aunque pudo ser, no se hace tan verosimil como creer que la inscripcion denota haber sido solo demostracion de la propiedad de aquella sepultura.

mucha destreza en cantar; tocaba con primor varios instrumentos, y en una palabra, fuera del color, nada tenía en su interior que no fuese muy recomendable. Así es que el negro era el objeto de la admiración de Granada, y del aprecio de su amo, que le trataba, no como tal, sino como pudiera al más íntimo amigo. Esta recomendación, y particularmente la de su merecimiento, le hizo muy favorecido de las personas de más distinción, particularmente de don Pedro Deza, ya nombrado, y el arzobispo don Pedro Guerrero; y aún tuvo el honor de que le admitiese a su conversación el invictísimo y serenísimo señor Don Juan de Austria, cuyos gloriosos triunfos celebró con tanta elegancia y acierto; y le favoreció mucho.

Veinticinco años tenía Juan, cuando doña Ana rayaba en sus diecinueve. Como tan discreta y tan inclinada a la literatura, deseaba conocer y tratar a un hombre tan famoso; y como en su casa (según la costumbre de aquellos tiempos) se celebraban algunas academias, donde concurrían los más famosos ingenios granadinos, hizo tanto con ellos que al final logró que concurriera algunas veces, y le oyó derramar, por decirlo así, ríos de erudición; pero con tanta modestia, que sin embargo de sobresalir entre todos su ingenio como el sol entre los demás astros, nadie podía quedar ofendido, por presuntuoso que fuera; tanta era la humildad y cortesía con que se explicaba, sin olvidarse jamás de que su ciencia no le sacaba de la miserable condición de esclavo. Entre varios asuntos se trató en una academia de la necesidad de saber la lengua latina para adquirir la perfección de las ciencias; y después de muchas razones que alegó el negro en favor de esta necesidad, concluyó que no tenía noticia de que hubiese habido hombre alguno famoso en literatura sin hallarse dotado del conocimiento de tan apreciable idioma.

—Mucho siento, dijo doña Ana, que seáis de esta opinión.

—¿Por qué, señora?

—Porque sin embargo de ser muy aplicada a los libros, poco provecho podré sacar de ellos, ignorando como ignoro el latín, que suponéis tan necesario para los adelantamientos en la literatura.

—A vos, señora mía, os sobran los conocimientos que debe tener una mujer; pues, aunque en mi concepto de ellas depende la mayor parte de las primeras ideas que adquieren los hombres, vuestra instrucción os pone en términos de desempeñar perfectamente tan dulce obligación.

—Sea así; pero siempre me quedaré en aquellos estrechos límites de que no sale cualquier mujer de mediana educación, y este no es mi deseo.

—Pues buen remedio; aplicaos al latín, y venceréis la dificultad.

—¿Sabéis que voy a cumplir diecinueve años?

—De los mismos (y aún creo que de más) se dedicó al estudio de la gramática latina Laura Terracina, y sus versos son en el día el asombro de Italia.

—¿Querríais vos ser mi maestro?

—Si yo tuviera voluntad, mi mayor satisfacción sería serviros en eso y en cuanto alcanzasen mis fuerzas; pero bien sabéis que tengo dueño.

—Y tan cortés que creo que en dándole un recado de mi parte, no os negará licencia para venir algunos ratos a enseñarme.

—Así lo creo, y le haré presente vuestra voluntad; sabréis el resultado, y vendré a ponerme a vuestros pies, y participaros lo que hubiere.

Con esto tuvo fin aquella academia, y principio la perdición de doña Ana, que no conoció el peligro a que se exponía bajo la dirección de un maestro de ardiente imaginación, de edad lozana, de imponderable persuasiva, y con la ocasión y libertad que para todo la daban las continuas ausencias de su descuidado padre, a quien apenas hubo hecho presente el deseo que tenía de que la enseñara el negro, y la conversación que entre los dos había mediado sobre este punto, cuando accedió gustoso a su voluntad, y aun se propuso regalar pródigamente a Juan para que no descuidara en la enseñanza de su hija.

Accedió también el duque a la intención de doña Ana; y, en fin, empezó el proyectado magisterio; con lo que el negro tuvo absoluta libertad para entrar a todas horas en casa de su discípula. Sentencia divina es, que el que ama el peligro perecerá en él; y fácilmente cae el que camina por un suelo resbaladizo. Así sucedió a Juan y doña Ana: veía aquel en ésta un compendio de gracias y belleza en lo más florido de la edad juvenil; notaba la delicadeza y perspicacia de su ingenio, y que no había dificultad que no venciese su talento peregrino; advertía lo dulce y gracioso de su conversación, y últimamente infería que no podía haber mujer más digna de ser amada, ni más proporcionada para hacer feliz a un hombre. Bien conocía el negro su bajeza, y esto refrenaba su audacia; pero conocía también el merecimiento de la dama, y no podía dejar de amarla cuanto es dado a un hombre tan sensible como él era.

Doña Ana, por su parte, admiraba la ciencia del esclavo; estimaba los esfuerzos que hacía por servirla; reflexionaba sobre las dotes de aquella alma tan privilegiada; consideraba su modestia, cortesanía y apacible trato; y desaparecía de sus ojos la negra tez con que la naturaleza había manchado el rostro de aquel hombre digno por todos títulos de mejor suerte. Crecía entre los dos el trato, crecía su recíproca inclinación y confianza; y solo conocieron su peligro cuando ya eran inútiles los remedios: lloraban separadamente su desventura, y cuanto más reprimían la ardiente llama que abrasaba sus corazones, tanto más crecía su estrago; que es propia condición del amor crecer al compás de las dificultades que se le oponen. El apasionado negro huía la sociedad, y solo se complacía en entregarse a sus pensamientos a las orillas del cristalino Genil, donde entre las amenidades de los sombrosos bosquecillos que formó la fértil naturaleza en las riberas de aquel apacible río, solía quejarse en alta voz de su destino, y entre otras ocasiones, una, en que se hallaba más fatigado de sus pesares, lleno, más que de fuego poético, del que abrasaba su afligido pecho, por aliviar sus penas, cantó de esta manera:

Suspiros con diligencia
Corred, volad donde os mando,
Y llegad con reverencia
A la apacible presencia
De la que me está abrasando.
Preguntará, claro está,
Quién os envía, y diréis,
Que un negro que morirá,
Porque nunca encontrará
Alivio que vos le deis.
Y si dijere por qué,
Decid, que por su deseo;
Pues al ver que no podré
Lograr lo que tanto amé
Mil muertes morir me veo.
Si replica, no soy yo
Quien le da penas tan tristes;

Decidla, pues él juró
Que ninguna le prendió
Y vos sola lo prendisteis.
Cuando ya sepa el tormento
De mis penas desiguales
Mirad en su movimiento
Si da a entender sentimiento
De mis lástimas y males.
Observad si se entristece,
Si muestra blando dolor,
Si se enoja y enfurece,
Si se disminuye o crece
En su semblante el color...
¿Más qué es lo que solicito?
No vayáis, suspiros, no,
Que así mi muerte no evito;
Que en un hombre como yo
Hasta el amar es delito.

Así se lamentaba el enamorado negro, llenando con sus quejas enternecidas aquellas apacibles soledades, y hacía mal en frecuentarlas, porque el agradable espectáculo de la hermosa naturaleza, lejos de aliviar las pasiones amorosas, les suele dar mayor incentivo. Su tristeza se hizo tan reparable, que la advirtió su amo, y preguntándole la ocasión, se disculpó con los ordinarios pretextos de leves indisposiciones, que creía el duque, porque de ninguna manera podía ocurrirle la verdadera causa; pues era increíble que un hombre de su condición se atreviese a remontar sus pensamientos a un objeto tan distante de su alcance. No era más feliz la situación de doña Ana; conocía la raíz de los pesares que la atormentaban, y no tenía valor para arrancarla. Su talento era demasiado para no conocer su peligro, y estuvo mil veces determinada a despedir al negro de su casa; pero la pasión era mayor que el riesgo, y que todo cualquier respeto.

Entre varios sujetos de su sociedad, y que aspiraban a su mano, era uno don Fernando Alabez, mozo bizarro, noble como descendiente de la familia de su apellido, que se estableció en Granada después de su conquista, y blasonaba con razón de deber su principio a los emperadores de Marruecos: sus facultades eran grandes, y su genio poco sufrido.

Amaba ciegamente a doña Ana, y no llevaba bien la intimidad que tenía con el negro; pero, a pesar de su condición, disimulaba sus sentimientos. Tenía una hermana amiga de su dama, de mucha belleza, y del natural más festivo y agudo que pudiera desearse.

Estaban un día don Fernando, otro caballero anciano, y el negro en casa de doña Ana, a tiempo que entró a visitar esta doña María Alabez, la cual, al ver en la sala un mozo de treinta años como era su hermano don Fernando, un anciano y un negro, dijo, con mucha gracia, fijando en ellos la vista:

—¡Válgame Dios! Parecen los reyes magos.

Y entonces el agudísimo negro, levantándose, y haciéndole una profunda cortesía, le dijo:

—Sí señora, y vuesa merced parece la estrella que los guiaba.

Celebraron todos lo fino, oportuno y cortesano del dicho, menos doña Ana, que perdió el color, picada de la galantería que había usado Juan con doña María. Despidiéronse todos menos el negro, por ser aquella la hora en que regularmente daba lección a su querida, y como fuese a traer de un estante los libros, le detuvo doña Ana diciéndole:

—Excusad por vida vuestra la lección, que no estoy de humor para oír preceptos, ni reglas.

—Mucho sintiera, repuso el esclavo, que lo ocasionase la falta de salud.

—Poco cuidado os puede dar el quebranto de la mía, como no lo padezca en la suya doña María Alabez, que al fin es estrella, y una enfermedad podría eclipsarla.

—En atribuir a esa señora ese epíteto, no he hecho más que cumplir con la deuda de mi cortesanía y humilde rendimiento.

—Mucho os preciáis de rendido.

—¡Pluguiera a Dios que no lo fuera tanto! ¡Que entonces...! ¿Pero imagináis que algún otro motivo...?

—No entiendo ni quiero entender de motivos; solo sé que doña María es dama de mucho mérito, y vos hombre como otro cualquiera.

—Os equivocáis mucho, que a ser yo hombre como otro cualquiera, este espíritu altivo que me enciende, esta alma degradada injustamente por este oprobioso color...

Pero dejemos eso: muy bien sabéis que esa señora, ni otra alguna de sus circunstancias, es capaz de hacer reparo en mí sino para despreciarme: aspiren a ser felices los que favorecidos del destino, no muestran en su rostro su ignominia; y séalo con vos su hermano don Fernando, pues lo merece por todos sus títulos, y espera ya Granada impaciente tan venturoso enlace.

—Según eso tendrá que esperar: precisamente don Fernando es uno de los hombres que me cansan.

—¿Por qué?

—¿Qué se yo? La inclinación no está sujeta a razones; y lo que para unos es amable, suele ser para otros aborrecible.

Dicho esto, se levantó doña Ana, y despidió al negro, que, si antes temblaba de desesperado, ahora se desesperaba por favorecido, porque a su perspicacia no podía ocultarse que el resentimiento de doña Ana era un indudable efecto de un temor celoso; por tanto, considerando su situación, decía para sí: ¿Qué es esto? ¿A dónde me conduce una ciega pasión que no puedo resistir? ¿Podré lisonjearme de que doña Ana corresponda a mi cariño? Y, aunque así sea, ¿qué puedo esperar? Vivir eternamente condenado a padecer una inclinación desesperada; porque, ¿a qué tengo de aspirar? Sin padres, sin bienes, hijo de la desgracia, ¿cómo sería posible que alcanzase la mano de una mujer tan noble y tan hermosa? ¿Qué dirá el duque? ¿Qué dirá todo el mundo, si prosiguiendo en amarla, tal vez llego a perderla? Porque no hay duda de que su resentimiento ha manifestado su pasión, y en todas sus acciones veo continuados testimonios de mi buena dicha... ¿Buena dicha? Mejor diría fatal desgracia: ¡ay! ¡Lo que para otro sería favor señalado, es para mí lamentable desventura! A lo menos pudiese huir... pero ¿quién puede huir de sí mismo?

Quede para espíritus flacos aquello de que la ausencia es madrastra del amor, que el mío no es susceptible de mudanza, ni de otra impresión que la que ha recibido, aunque se atraviesen montes de dificultades. Podré tal vez contener mis labios, refrenar mis deseos, y evitar en lo posible las ocasiones de mi perdición; pero jamás podré mandar sobre mi corazón, y viviré condenado a ser para siempre dos veces esclavo, la una por destino, y la otra por elección.

Así reflexionaba el apasionado negro, cuya fama se extendía tanto, que le consultaban sobre sus dudas los hombres más eruditos, y disfrutaba de la sociedad de las personas de más autoridad, disputándose entre ellas a porfía su trato.

Pero no era admirable que tuviese tan profunda erudición, pues sabía que para doña Ana la mejor recomendación era la literatura. Así es que Juan amaba infinito, y por tanto, estudiaba sin cesar, lo cual añadido a un sobresaliente ingenio, le hacía hombre tan admirable como era: por tanto, el duque y la madre de éste (que había sido su madrina) hacían más vanagloria de tener tan extraordinario esclavo, que de poseer tantos honores y bienes como poseían.

La casa de doña Ana estaba situada de manera que tenía un hermoso y extenso jardín, cuyas cercas daban al campo: pues como una noche estuviese el negro con la imaginación muy exaltada, tomando una espada que manejaba con increíble destreza, y un laúd (instrumento muy usado en aquellos tiempos, y muy propio para acompañar la voz) se salió de casa a media noche, y poniéndose cerca de las ventanas de la habitación de doña Ana, que correspondía al jardín, con infinita gracia, y otra tanta expresión, cantó los siguientes versos:

¡Jamás tuvo la mía
Aquel que sin recelo
Llamó tierno consuelo
Y norte de alegría
A la dulce esperanza,
Pues no es en mí presagio de bonanza!
¡Cuánto mejor me fuera
Que me desesperaras,

Anarda,[2] y me trataras
Con esquivez tan fiera,
Que ni un solo instante
Hubiese hallado halago en tu semblante!
Después de un rumbo incierto
Al triste navegante
Se le ofrece delante
El deseado puerto,
Y alegremente espera
Pisar en breve la humada ribera.
Mas se alza de repente
Recia tormenta grave
Que la afligida nave
Resiste vanamente,
Y al cabo se sepulta
En las cavernas que la mar oculta.
Cuando la aurora hermosa

2 Juan Latino a «Ana» «Anarda». Ella también se da en la Comedia
famosa de Juan Latino:

«En triste obscuridad la noche fría,
Y en dulce olvido el sueño me bañaba,
Y yo entonces de vos no me olvidaba,
Ni tan alegre vi mi claro día.
Soñaba yo, mi Anarda, que os tenía
En mis brazos. ¡Quién duda que soñaba!
¡Qué presto desperté! ¿Quién lo dudaba?
Que, ni aun por sueños, vos queréis ser mía.
Con todo, yo feliz, que un bien tamaño
Gocé aquel rato que, si fue pequeño,
¿qué gloria del amor más permanece?
Y en tanto, al menos, que duró el engaño,
Mi Anarda, yo os gocé. Si, al fin, fue sueño,
¿cuándo el pasado bien no lo parece?»

(Jiménez de Enciso, Barcelona, Linkgua, 2025.)

Las sombras ha ahuyentado,
El seno nacarado
Abre la bella rosa,
Que eternizar espera
El noble imperio de la verde esfera;
Y cuando más erguida
Adorna el fresco prado,
De rústico ganado
Hollada y destruida,
Pierde la pompa vana
Que encantaba la vista a la mañana.
A Tántalo sediento
El agua lisonjera
Brinda, y en ella espera
Aliviar su tormento,
Que le acongoja tanto,
Que ni aún puede templarlo con su llanto.
Mas cuando aplica ansioso
El seco labio ardiente
Al agua transparente,
El cristal engañoso
Huye del desdichado,
De rabia y de dolor desesperado.
Tal es la suerte mía,
La misma es mi esperanza,
Que promete bonanza;
Mas nunca vendrá el día
Que cojan mis amores
Convertidas en frutos tantas flores.

Apenas había dado fin el enternecido negro a estos versos, cuando se vio rodeado de tres hombres embozados, que con las espadas desnudas le acometieron; pero él, que ya había conocido su intento, los recibió con tanto espíritu, que a pocas venidas malhirió al uno, hizo huir al otro, y quedándose con el tercero que parecía el más esforzado, fue sacando pies atrás como retirándose, y en efecto lo hizo hasta cierta distancia en que la espesura de unos árboles estorbaba el registro de las acciones; y entonces volvió sobre su contrario con tanto gentil denuedo, que en breve tiempo le desarmó y conoció en él a don Fernando. Mucho le pesó de haber tenido la pendencia con semejante hombre; porque temía se hiciese público el caso, y que corriese riesgo su vida en el agravio de un sujeto tan poderoso, pues como tal buscaría ocasiones de vengarse; pudo matarle muy a su salvo, pero era demasiado valiente y discreto para no ser generoso: por tanto, con la mayor modestia y suavidad le dijo:

—Tomad, señor don Fernando, vuestra espada, que la mía os rinde todo el respeto que merece vuestra nobleza; y por Dios que ignoro qué ocasión os ha podido dar un hombre tan miserable como yo para solicitar su muerte: preciso es que haya sido muy involuntario el motivo; y sabed que en cualquier caso me hallaréis pronto y determinado a serviros —dicho esto, y sin aguardar respuesta, se retiró apresuradamente a su casa.

En efecto, don Fernando, acompañado de dos valentones aniquilados (que siempre son más estorbo que defensa) rondaba muchas noches la calle y casa de doña Ana, y le daba algunas músicas, tanto por obligarla, cuanto por examinar si alguno manifestaba oposición a sus ideas, o si había algún pretendiente favorecido que hiciese terrero, según el estilo de la galantería de aquel tiempo; y como aquella noche oyese cantar al negro, y por el sentido de los versos entendiese que era un amante privilegiado de doña Ana, pues aún no se contentaba con la esperanza, ciego de cólera y celos, intentó matar a aquel hombre en cuyo valiente brazo encontró castigo y desaire. Considérese cual quedaría al verse pospuesto a un negro en su pretensión, vencido por el cuerpo a cuerpo; y debiéndole la vida, que estuvo casi determinado a quitarse por no tolerar tan insufrible sonrojo: pero le detuvo su misma opinión, porque no se divulgase el caso; pues bien conocía que el negro no se atrevería a publicarlo. Lleno de ira y de rabiosa desesperación se encaminó a su casa, donde estuvo meditando qué partido tomaría, y no hallando alguno que fuese conveniente a su opinión, determinó valerse a toda costa de tercera mano que con el mayor sigilo asesinase al negro, y sepultase con él su venganza. No andaba este tan descuidado que viviese en desconfianza de la nobleza de su contrario; y así siempre iba muy bien armado, y evitaba todo lo posible salir de noche, y cuando lo hacía, era bien acompañado; que un prudente recato no es cobardía, sino conocimiento de las consecuencias de los lances; y además tenía ya bien acreditado su espíritu. Así es que don Fernando no podía encontrar ocasión segura para llevar a efecto su ingrato pensamiento: aborrecía ya a doña Ana, y le parecía que mujer que se pagaba de un negro, no podía dejar de ser liviana, y mal segura para esposa; como si Juan no fuese por su merecimiento excepción de todos los negros y blancos, capaces de inspirar las mayores pasiones.

A la sazón se empezaban a levantar, o estaban ya levantadas contra su legítimo señor las Alpujarras, cuyos moriscos habitadores eligieron por rey a uno de los caballeros de Granada, de la sangre, de valor y descendiente de los reyes de Córdoba. Para sosegar estos alborotos representados a la corte por el presidente y gobernador de la ciudad don Pedro Deza, caminaba ya con alguna gente el valeroso marqués de Mondejar. Don Fernando, pues, viendo frustrada su venganza, y malogrados sus amores, trasladó su casa a otra de campo, que tenía a cuatro leguas de Granada; vendió su hacienda secretamente, y, reduciendo a dinero todas sus facultades, se huyó sigilosamente a la Alpujarra, donde fue recibido con universal contento de todos sus compatriotas, que ya no perdonaban vidas, honras ni haciendas de los cristianos, y en abierta rebelión amenazaban a España segunda esclavitud agarena.

Entre tanto continuaba el negro enseñando a doña Ana, la cual se complacía en el riesgo que la amenazaba, y a pesar de su conocimiento solo atendía a añadir materia al fuego que abrasaba su corazón. Estando pues una noche dando lección, llegaron a construir la epístola de Ovidio de Safo a Faón, y al pasaje en que la célebre poetisa, quejándose de los desdenes de su amante, le dice:

Si mihi dificilis formam natural negavit,
Ingenio formae damna rependo meae.

Como si dijera:

Si me negó hermosura
Naturaleza
Esta falta mi ingenio
La recompensa.

—¡Ah!, exclamó fuera de sí el entendido negro, ¡con cuánta razón podía yo decir otro tanto! ¡Desdichada mujer, cuyo amante la trató con tan rigurosa esquivez, por solo el defecto de tan caduca prenda como la corporal belleza! ¡Qué poco conocía la inmensa distancia que media entre las inte-

29

riores y exteriores cualidades, y cuánto más apetecibles son aquellas que estas! ¡Pero la infeliz era fea...! Sí, sería como yo; y le faltaba lo que más aprecian las almas vulgares; y por desdicha son estas tantas, que en su comparación apenas puede creerse que se encuentre alguna que sepa apreciar las prendas del espíritu

que nunca perecen.

—Muy pronto, dijo doña Ana, habéis corrido todo el espacio del universo para hacer un juicio tan general como ligero.

—¿Pues dudáis de mi verdad?

—Yo sé que donde hay discernimiento, hay aprecio del verdadero mérito; y yo más culpo a Safo que a Faón.

—¿Por qué?

—Porque puso su inclinación en un hombre desnudo de aquel mérito que ella debía haber buscado, teniendo tan peregrino ingenio como celebra la fama; además que (y perdonad) Safo no podía quejarse sino de su mala elección, porque no tenía impedimento alguno para unirse con su querido en caso de ser correspondida; pero vos...

—No prosigáis; bastante me dice mi color, sin que vuestros labios aumenten mis desaires; y pues quizá será esta la última vez que me veáis...

—¿Qué decís?

—Que os amo desde que os conocí: que conozco que os debe ofender mi pasión; y

últimamente que para vencerla... ¿Qué es vencerla? ¡Imposible...! Pero a lo menos para evitar mi peligro, y tal vez el vuestro, porque quien ama con el extremo que yo, no tiene juicio, es forzoso que no vuelva a veros. Me costará la vida esta forzosa separación...

—Y a mí también... ¿qué he dicho?

—¿Y qué he oído yo? ¿Con qué sería este miserable negro tan dichoso...?

Echemos el velo a una escena que pudiera ofender los oídos menos castos, y baste decir que entrambos solo atendieron al momento de una ocasión desventurada, y al fuego que abrasaba sus corazones, hollando cuantos respetos debían contenerlos; pero pronto lloraron su desalumbramiento, porque doña Ana se halló en disposición de no poder ocultar su debilidad. Amargamente lloraban entonces su imprudencia los infelices amantes, que veían cerrados todos los caminos de su remedio; fuera de que ya se murmuraba en Granada la intimidad de su trato, y el ausentarse de la ciudad era acreditar las sospechas del vulgo, siempre inclinando a creer en lo peor. Pero ¿a dónde podían huir que no fuesen descubiertos? Por último, el padre de doña Ana había tratado de casarla con un pariente suyo, que se hallaba en Córdoba, y solo esperaba que llegase la dispensa que había pedido, para verificar sus ideas, de las que había dado parte a su hija cuando ya el mal era sin remedio; y por más que ésta hizo cuanto pudo por vencer a su padre, fiada en el extremo de su ternura, esta vez se mantuvo firme en su propósito el miserable anciano, que vivía bien descuidado del atroz tormento que le amenazaba, en castigo de su imprudente confianza.

Por fin, de común acuerdo tomaron el único partido que les quedaba, que era apelar a la poderosa mediación del duque, para que este diese libertad a su esclavo, y de este modo pudiese verificarse su casamiento, y no fuese tan sensible el oprobio de doña Ana. Una noche, pues, que este señor estaba en su cuarto desnudándose para recogerse, que lo hacía siempre a presencia de Juan, se postró este a sus pies sin poder pronunciar ni una palabra, según era fuerte el ahogo interior que padecía: al cabo prorrumpió en un diluvio de lágrimas, que aliviaron la opresión de su alma. Sobrecogióse el duque de ver a su esclavo tan afligido, y haciéndolo levantar, le dijo:

—¿Qué es esto? ¿Qué tienes? ¿Qué pesar te atormenta...? ¿Por qué no hablas? ¿Tan pocas pruebas te he dado de estimación que buscas extremos tan extraordinarios para interesar mi corazón en tu favor? Muy grande debe ser el mal que aflige tanto a un hombre de entendimiento tan grande como el tuyo: si alguno te ha ofendido...

—No, señor, respondió el esclavo; nadie me ha ofendido, antes bien yo soy el ofensor de vos, del honor de una dama perdida por mi causa, y de mí mismo; de vos, porque he faltado a vuestro respeto, y la buena educación que en vuestra causa he recibido; del honor de una dama, por lo que luego sabréis; y de mí mismo, porque me he envilecido más allá de cuanto permite el estado de una esclavitud, aunque dichosa; pero señor, vos tenéis muy sensible corazón, y si habéis amado alguna vez, conoceréis cuánto ciega la fuerza de una amorosa inclinación.

—Déjate de preámbulos; sé cuanto en esta parte puedes decirme, y vamos al caso que es lo que importa.

Entonces el esclavo le refirió individualmente el principio y progreso de sus amores, la fatal extremidad a que él y doña Ana se veían reducidos, y concluyó suplicándole le diese libertad, para que como hombre libre pudiese hacer valer los derechos de tal, para remediar en algún modo el perdido honor de su querida.

Atónito quedó el duque al considerar que un infeliz negro hubiese podido rendir el mérito de una dama tan discreta y calificada como era doña Ana. Gran rato estuvo suspenso; pero al fin, después de haber reprendido severamente al esclavo de su exceso, le dijo blandamente:

—Pero no te desconsueles; yo te prometo que se perderá la casa de Sesa, o serás marido de doña Ana. Mucho recelo que todos sus parientes, que son muchos, se opongan (y conozco que harán bien) a tus deseos; pero no me falta poder, y sabré emplearlo todo en tu defensa: en cuanto a tu condición de esclavo, ya no la tienes; mañana mismo se hará la escritura de tu libertad; yo te aseguro que siento más que todo el desprenderme de ti; pero de esta manera pienso que aseguro tu gratitud; en fin, retírate, y fía de mí.

En gran manera consolaron estas razones al pobre negro, que, a no haber hallado tan propicio a su señor, sin duda habría muerto de pena. Al siguiente día apenas rayaba el alba, se levantó el duque, y al instante hizo venir un escribano, por cuya mano se levantó la escritura de libertad de Juan, a quien se la entregó, diciéndole:

—Tan libre eres como yo, y pariente de mi madre, pues te tuvo en la pila; confía y desahoga tu corazón.

Hecho esto, mandó poner el coche, y fue a ver al arzobispo don Pedro Guerrero, hombre de gran literatura y de mucho carácter que manifestó muy bien en el sagrado concilio de Trento, y singularmente aficionado, como docto, al negro, el cual solía visitarle algunas veces. Hizo presente el cargo al prelado, y unánimes convinieron en que la primera diligencia debía ser el sacar a doña Ana de su casa, y ponerla en parte donde pudiese estar segura del resentimiento de su padre y parientes: el mismo duque participó esta resolución a la señora previniéndola que a media noche irían con todo sigilo a buscarla de parte del arzobispo; y que tuviese espíritu una vez que éste, el presidente Deza y él empeñarían todo su esfuerzo en remediar su aflicción.

Mucho consoló a doña Ana semejante aviso, y ya no le quedaba otro sentimiento que el que experimentaría su amoroso padre, cuando se hallase sin su hija, y supiese la causa que la separaba de sus ojos. De un animal voraz se refiere que llora sobre la presa muerta; de este jaez era el llanto de esta imprudente señora: lloraba sobre los amargos dolores que padecía su padre, si acaso no le quitaban repentinamente la vida, pero no lloró cuando la brindaba la pasión para que apurase la copa del apetito; pues en verdad que el secreto clamor de la razón no dejaría de representarle las consecuencias que se podían originar de su temeraria determinación, ni que hollaba todos los respetos divinos y humanos; porque nadie deja de conocer el mal que comete, pues su misma conciencia se lo reprende; y mienten todos los malvados que dicen que cuando van a ejecutar un delito no se acuerdan de que hay un Dios vengador de sus agravios.

Apenas salió el duque del palacio arzobispal, pasó a casa del presidente don Pedro Deza, a quien le costó muy poco interesarlo en el lance; porque era de los más ciegos apasionados del negro, y en las obras de éste se conoce muy bien lo mucho que debería al presidente, pues a cada paso está haciendo honorífica mención de él, y le dedicó los dos libros de la Austríada. Eligieron casa segura y secreta, donde estuviese depositada doña Ana, hasta la terminación del asunto; y tomaron las medidas convenientes para que en ningún caso pudiese ser atropellada de sus parientes, en caso de que llegasen a descubrir su asilo.

Cuando llegó la media noche, el mismo arzobispo fue por la triste dama, la metió en su coche, y dejó en su lugar a don Bernardino de Villandrando, sacerdote doctísimo, y confesor de don Pedro Carleval, para que le anunciara lo que estaba tan distante de esperar, y con su respeto y consejos procurase suavizar los primeros ímpetus de la cólera del ofendido anciano. En efecto, apenas despertó éste, cuando entró su confesor, y al verle don Pedro, exclamó:

—¿Vos, señor don Bernardino, venís a verme ahora a tan intempestiva hora...? ¡O algún grande bien, o algún grande mal, que es lo más cierto, me amenaza...! Decid qué se os ofrece, y no me tengáis más suspenso.

Entonces el sabio sacerdote se valió de todos los preámbulos que en semejantes casos se acostumbran; fue luego poco a poco pintando los peligros de la juventud, la fuerza de las pasiones, el poder de la ocasión, y en fin le contó todo el lance, sin que don Pedro mostrara la menor alteración, porque desde las primeras clausulas penetró su desdicha: quedó inmoble a fuerza de su dolor, y aun sin acabar el confesor sus últimas razones, cayó en tierra privado de sentido. Llamó el sacerdote a los criados; enviáronse a buscar facultativos, los cuales al momento sangraron al desdichado don Pedro, que no volvió en sí hasta pasadas algunas horas. Ya para entonces era público el caso en Granada, y como es costumbre del vulgo, se añadían al lance mil circunstancias bien distantes de la verdad.

Solo quien sea padre podrá formarse idea de lo agudo y atroz que sería el dolor del triste don Pedro al verse cubierto de la infamia, y su querida hija perdida para siempre. No fue poca previsión la del arzobispo en haberse valido don Bernardino para darle la amarga noticia al desesperado anciano, porque como cuerdo y experimentado, no se apartó ni un punto de don Pedro temiendo con razón que se apoderase de su pecho la desesperación, y le condujese a un extremo lamentable. Maldijo a su hija, maldijo su propia existencia, quiso quitarse el vendaje y, en fin, en el exceso de su furor dijo e hizo mil locuras, todas disculpables atendida la bárbara situación en que se hallaba. Por fin, pasados aquellos primeros ímpetus de dolor, entró el sabio confesor a dulcificar su ánimo irritado con las consideraciones cristianas, que son las únicas capaces de aliviar los sentimientos de los desdichados; y últimamente si no llegó a reducirlo a un estado de tranquilidad triste, consiguió calmar bastantemente los ímpetus de su cólera.

Entre tanto, como se había divulgado la noticia del caso, acudieron a casa de don Pedro algunos parientes; pero no se les permitió entrar a visitarlo, porque el presidente había dado las convenientes providencias para este fin, temiendo que agriasen mucho más el ánimo del anciano las visitas de sus interesados. Hicieron estos causa común del caso, y procuraron averiguar donde se hallaba doña Ana, para vengar en ella sus afrentas, pero no pudieron conseguirlo, y tampoco intentar nada contra el negro, porque la casa del duque, donde se hallaba, era impenetrable a cualquier tentativa. Esto y juntamente la declarada protección de los gravísimos personajes que mediaban para la composición del asunto desvaneció las ideas vengativas de los parientes de don Pedro, a quien pasados algunos días fue a visitar el arzobispo, que lloró con él sus desdichas, y al fin le propuso que pues el caso tenía remedio, y el negro era ya libre, era preciso que se casara con doña Ana; que él, como prelado, no podía menos de atender al remedio del escándalo, y al del infeliz fruto que llevaba doña Ana en sus entrañas, a quien por ningún respeto se le podía negar a legitimidad, que su inocencia reclamaba; y por tanto que consintiese en lo que de ningún modo podía ni debía evitar.

—¿Pero cómo, le dijo don Pedro, cómo queréis que yo consienta en mi infamia?

—¿Y dónde está esa?

—¿Pues qué dirán de mí si autorizo el enlace de mi hija con un hombre, que, aunque sea libre, no ha dejado de ser esclavo?

—Mañana podréis serlo vos mismo, y no por eso perderéis nada de vuestra nobleza.

—Es verdad, pero mis padres siempre serán conocidos; y sobre todo la pública opinión...

—No digáis eso: los insensatos, los orgullosos en quienes solo domina el puro espíritu de vanidad, podrán llevar a mal vuestro consentimiento; pero los hombres prudentes, todos los que como es debido, jamás separan sus acciones de la relación que deben tener con el verdadero espíritu de religión, aprobarán vuestra conducta: además de que el negro es un fenómeno de su especie, no habrá honor alguno a que no le abran camino sus profundos conocimientos en la literatura; y en fin, es un hombre que puede honrar una nación, cuanto más no desmerecer entrar en cualquier familia.

—¿Qué haríais en mi caso?

—Vencer eso que llamáis opinión pública, que bien examinado, es solo mera preocupación.

—Pero respetada de todos.

—Y yo también la respeto, pero las ocasiones diversifican los pensamientos.

—Perdonad, señor ilustrísimo; yo no tengo espíritu para complaceros.

—Pero a lo menos espero que no os opondréis...

—No prosigáis; temiéndolo todo, he representado al rey mi agravio, y solicito el castigo del infame seductor de mi hija.

—¿Y creéis lavar con eso vuestra falsa ignominia? ¿Qué remedio queda a vuestra hija?

—No le faltará un convento donde muera llorando su liviandad.

—Ni tampoco a vos un riguroso castigo del cielo, que no perdona a los que no saben perdonar: ¿qué culpa tiene vuestro nieto de lo sucedido, para que así queráis privarle de los derechos que le corresponden? ¿No os horroriza semejante injusticia?

—¿Y a vos no os horroriza la situación en que me miro?

—Os compadezco; pero de los males que no podemos evitar, debemos creer que son dirigidos a nuestro provecho, y que el cielo nos los envía para ejercitar nuestra paciencia y resignación. Yo quería que este asunto se terminara del modo más decente, pero os veo muy encarnizado: mas pensad que yo no puedo prescindir de las obligaciones de mi ministerio; y por consiguiente que no habiendo arbitrio para remediar este escándalo sino el casamiento de doña Ana, debo contribuir a que cuanto antes se verifique.

—Yo he hecho y haré cuanto pueda estorbarlo; y espero que el rey se oponga a la ignominia que resultaría a mi familia de tan odioso enlace.

—El rey es muy prudente, y no procederá con ligereza, sino muy informado de las circunstancias del caso; y no habrá en Granada quien no abogue en favor de un hombre más señalado por su ciencia que por la naturaleza, y con esto quedad con Dios, que yo espero veros más blando y condescendiente.

Dicho esto se retiró el arzobispo, y al instante pasó a casa del duque, y le refirió la conversación que había tenido con don Pedro, por lo cual, temiendo que la representación de este al rey iría dirigida a la ruina del negro, como dictada por un hombre tan gravemente ofendido, sin perder un instante, mandó formar otra representación, que envió con un hombre de su confianza a toda diligencia, dirigida a uno de sus más cercanos parientes, para que la pusiese en manos del rey, a quien como sabio y noble protector de los hombres ilustres en letras y artes, le haría presente el lance, y las extraordinarias luces del que había sido su esclavo, y merecía por docto cuanto podía haber desmerecido por su finalizada condición de servidumbre. También la duquesa madre escribió a la reina, de quien era muy estimada, interesándola a favor del negro, cuya madrina era. Pero como se hubiese adelantado don Pedro a exponer su queja, el prudentísimo rey había pedido informe al presidente Deza, y llegó la comisión antes que se hubiesen despachado las representaciones del duque y su madre: sin embargo se alegraron mucho de que el asunto hubiese venido a informe del presidente, pues este amaba extraordinariamente al negro; y así después de haberlo extendido como es fácil de considerar, expuso al duque que entretanto convenía que el negro se graduase de doctor en artes, y al instante se hizo la correspondiente solicitud.

De aquí resultaron gravísimos disturbios, pues el rector de la universidad y muchos doctores se opusieron a que tuviese efecto semejante pretensión, porque decían que era indecoroso que un negro alternase con tantos hombres tan calificados por todos títulos; y a pesar del grande influjo del duque, el arzobispo y el presidente, acaso no habría sido admitido el negro al grado, si todos los estudiantes, de quienes Juan era grandemente amado, no hubiesen atropelladamente concurrido a la universidad a tiempo que los doctores se hallaban en claustro tratando de este asunto, y con descompasadas voces y alborotadas acciones no hubiesen amenazado las vidas de aquellos si no accedían a la solicitud del negro; clamando, y con razón, que la ciencia era la que principalmente debía atenderse, y pues que Juan ya era libre, nada podía denostársele.

Muy temibles son los estudiantes en llegando a alborotarse; y conociendo esta verdad los doctores tomaron a buen partido ceder a su derecho; y así a pocos días entró el negro a examen, en el cuál asombró a toda la universidad, soltando los diques a su profunda ciencia y vastísima literatura; de modo que los mismos que se habían opuesto a su deseo, fueron los primeros que lo votaron llenos de honores y aplausos; y aquel día fue uno de los más regocijados de aquella ínclita ciudad, porque dos estudiantes con músicas, máscaras y otras festivas invenciones celebraron la dicha del negro, cosa que traspasó de sentimiento el corazón de don Pedro tanto, cuanto alivió los pesares de su triste hija; porque aquel conocía que esto se dirigía en oposición de sus ideas, y esta penetraba y aun sabía (dándola el duque parte de todo) que aquello tenía por objeto el remedio de su desdicha.

Todo acaecía a sazón que ya la Alpujarra era teatro abierto de una sangrienta guerra; y como los rebelados moriscos con algunos sucesos favorables se hubiesen hecho temibles, y se supiese que se trataba de enviarles socorros del África, Felipe II, para precaver los daños que podían originarse, encargó a su gloriosísimo hermano don Juan de Austria que fuese a la conquista de aquellas rebeladas asperezas; por lo cual al punto don Juan se puso en camino para Granada, cuyo ilustre ayuntamiento resolvió celebrar el honor que recibía aquel generoso príncipe. Dispuso pues hacerle un recibimiento digno de su persona, y encargó al negro la disposición y ornato de los arcos triunfales, en los cuales puso los elegantes epigramas que se hallan en sus obras, en honor del prudente monarca, y de su invicto hermano, el cual celebró infinito el ingenio del nuevo doctor, a quien ya conocía por su fama, y mandó al duque que lo trajese a su presencia, pues deseaba honrarle.

Loco, por decirlo así, de contento, cumplió el duque tan lisonjero encargo, y aquel sabio negro tuvo el honor, no solo de conversar familiarmente con el señor don Juan, sino también de que repetidas veces le acompañase en público; pues no se saciaba de disfrutar la agradable cuanto instructiva conversación de un hombre tan eminente en las humanidades y bellas letras.

Fácil es de suponer que el señor don Juan se instruiría a fondo del lance y estrecha situación en que se hallaba el sabio negro, y aunque quiso recomendar el asunto a su hermano, se lo excusó este mismo enviándole las representaciones de don Pedro y del duque, juntamente con el informe dado por el presidente, y encargándole que determinase sobre este caso lo que mejor le pareciera. A este tiempo vacó en Granada la cátedra de poética, y con licencia del duque se opuso a ella, y manifestó en sus ejercicios cuán digno y a propósito era para ocupar tan honroso empleo: por lo cual, y por respeto a la estimación que de él hacía el señor don Juan, se le confirió la cátedra. Entonces este noble príncipe, que con toda cautela había callado la comisión que tenía de su hermano, después de haber honrado con su presencia el acto de posesión que tomó el negro con admiración de todos, pasó a casa de don Pedro, el cual quedó confundido de recibir tan inesperada visita. Nada ignoraba de cuando pasaba en la ciudad, a pesar de no salir de su casa; y así al instante conoció el objeto de la visita del señor don Juan, a quien después de besarle la mano, prorrumpiendo en copioso llanto, le dijo:

—Mucho me lisonjearía, serenísimo señor, esta visita, si no temiera el motivo que la ocasiona.

—¿Pues sabéis vos por ventura a lo que vengo?

—Me lo dice mi corazón.

—Mucho adivina.

—Las desgracias, señor invicto, fácilmente suelen presentirse en ciertas ocasiones.

—¿Teméis alguna?

—Temo verme envilecido; pues ya conozco que no podré oponerme al casamiento de mi hija con un hombre...

—Que basta a honrar no solo vuestro linaje, sino el más alto y esclarecido, aunque el vuestro lo es tanto; con un hombre de aquellos que perezca la naturaleza de producirlos; y vive dios don Pedro, que pues yo me honro de que me acompañe, no os debéis vos desdeñar de darle vuestra hija... ¿qué es desdeñar? ¿Pues cuándo vos, ni yo mismo, trocadas las condiciones, hubiéramos adquirido los honores y celebridad que disfruta un hombre, que es el prodigio de estos tiempos? Casualidad es el nacer en alta o baja esfera: nadie elige padres; y por cierto me admira que un sujeto de vuestra clase y educación se obstine en resistir lo que debía solicitar: Juan Latino (que en el doctorado tomó este apellido) ha sabido a fuerza de aplicación y talento dar un inmortal realce a su familia, que en él tendrá principio: su nombre se perpetuará honoríficamente hasta los siglos más remotos, ¿podéis decir otro tanto de vos mismo? No por cierto; ¿pues qué ceguedad es la vuestra?

Últimamente sabed que tengo orden del rey mi hermano para decidir en este lance: de nada servirá toda vuestra obstinación sino de acreditaros de insensato, y aun de poco cristiano, pues negáis a un inocente nieto la legitimidad de que es acreedor; bien que no la necesita, pues el rey sabrá darle lo que vos le negáis, y tal vez castigar vuestra injusticia. No hay remedio; el casamiento de vuestra hija se ha de verificar mañana mismo; sobre cuyo supuesto infalible, si sois discreto, será mucho mejor que autoricéis con vuestra aprobación y presencia el irremediable enlace; pues pensarán todos que hacéis voluntariamente lo que no podéis excusar; y yo espero que algún día os daréis el parabién de que ahora os ofende.

¿Qué había de resolver el pobre anciano al verse, en cierto modo, rogado por un príncipe que justamente era el ídolo de toda la nación, y en quien residía la suprema autoridad para decidir el asunto, y que se mostraba tan abiertamente interesado por el negro? Tomó el único partido que le quedaba, y desde luego fue conducido a donde estaba su hija, la cual al verle, por más que estaba prevenida, se desmayó, y su mismo padre la recibió entre sus brazos: esta casualidad despertó mucho más la antigua ternura de su descuidado padre, que, después que volvió en sí, la perdonó, la abrazó y aun la bendijo.

En fin, se dispusieron y verificaron las bodas al día siguiente, apadrinándolas el duque y su madre, prestando su oficio personal el arzobispo, concurriendo al acto solemne el señor don Juan, y toda la nobleza granadina. Pintar los tiernos sentimientos del negro, y su querida doña Ana al verse en la cumbre de su dicha es imposible: ni un momento desagradable experimentaron durante el largo tiempo de su vida; y en efecto don Pedro poco a poco empezó a estimar al negro por su buena conducta y sumisión entera a su voluntad; y al fin, le amó tanto, que públicamente hacía alarde de su buena dicha en haber logrado por yerno un hombre tan cabal, tan juicioso, y al mismo tiempo tan amable. Sin embargo, fue descuidado con su hija; y recibió los pesares que hemos visto por su necia confianza: por tanto, siendo mejor precaver que remediar, ¡oh padres de familia! Velad sobre los maestros que dais a vuestras hijas de cualquier condición que sean; es vulgar dicho, pero muy cierto, que en la confianza está el peligro. El ejemplo que os he propuesto es muy cierto; considerad cuál sería la suerte de doña Ana a no haber sido su maestro todo un Juan Latino.

Libros a la carta

A la carta es un servicio especializado para
empresas,
librerías,
bibliotecas,
editoriales
y centros de enseñanza;
y permite confeccionar libros que, por su formato y concepción, sirven a los propósitos más específicos de estas instituciones.

Las empresas nos encargan ediciones personalizadas para marketing editorial o para regalos institucionales. Y los interesados solicitan, a título personal, ediciones antiguas, o no disponibles en el mercado; y las acompañan con notas y comentarios críticos.

Las ediciones tienen como apoyo un libro de estilo con todo tipo de referencias sobre los criterios de tratamiento tipográfico aplicados a nuestros libros que puede ser consultado en Linkgua-ediciones.com.

Linkgua edita por encargo diferentes versiones de una misma obra con distintos tratamientos ortotipográficos (actualizaciones de carácter divulgativo de un clásico, o versiones estrictamente fieles a la edición original de referencia).

Este servicio de ediciones a la carta le permitirá, si usted se dedica a la enseñanza, tener una forma de hacer pública su interpretación de un texto y, sobre una versión digitalizada «base», usted podrá introducir interpretaciones del texto fuente. Es un tópico que los profesores denuncien en clase los desmanes de una edición, o vayan comentando errores de interpretación de un texto y esta es una solución útil a esa necesidad del mundo académico.

Asimismo publicamos de manera sistemática, en un mismo catálogo, tesis doctorales y actas de congresos académicos, que son distribuidas a través de nuestra Web.

El servicio de «libros a la carta» funciona de dos formas.

1. Tenemos un fondo de libros digitalizados que usted puede personalizar en tiradas de al menos cinco ejemplares. Estas personalizaciones pueden ser de todo tipo: añadir notas de clase para uso de un grupo de estudiantes, introducir logos corporativos para uso con fines de marketing empresarial, etc. etc.

2. Buscamos libros descatalogados de otras editoriales y los reeditamos en tiradas cortas a petición de un cliente.

Printed in Poland
by Amazon Fulfillment
Poland Sp. z o.o., Wrocław

69305524R00030